Remarquable cuisine

Les

Bretons

Recettes recueillies par
Louis LE CUNFF

Iconographie
Christian LE CORRE

Remarquable cuisine

Les Bretons

Editions OUEST-FRANCE

SOUPE
de congre

Pour 4 personnes
1 congre, oignons, 1 tomate, bouquet garni, sel, poivre

....

- Après avoir préparé le congre, le découper en tranches et faire revenir ces tranches dans une casserole ou, mieux, dans une marmite de fonte avec du beurre ou de l'huile, les oignons, la tomate et le bouquet garni.
- Écraser le tout, puis passer à la moulinette.
- Ajouter l'eau préalablement chauffée, saler, poivrer et laisser bouillir 40 min.
- Servir sur des croûtons frits.

ALO
CÔTE SUD DE BRETAGNE
= DOUARNENEZ =

MIJOTÉ
de Kermokos

Pour 6 personnes

1,5 kg de poisson : rascasse, grondin, saint-pierre, gros merlan, merluchon, baudroie, congre (il est inutile d'employer du poisson fin), 9 cl d'huile d'olive, 75 g d'oignons hachés, 100 g de tomates fraîches ou 70 g de purée de tomates en conserve, 12 g d'ail, 1 cuillerée et demie de persil haché, 1 bouquet garni, 10 g de sel, 1 pincée de poivre, 1 pincée de safran, 1,2 l d'eau bouillante, 12 tranches de pain de 1 cm d'épaisseur et 7 à 8 cm de diamètre

....

- Couper les poissons en tranches.
- Prendre une casserole contenant au moins 3 l. Y mettre l'huile et les oignons hachés, remuer sur un feu vif avec une cuillère de bois sans laisser reposer. Ajouter les tomates, l'ail, le bouquet garni, le safran. Saler et poivrer.
- Ajouter le plus gros et le moins tendre des poissons, ainsi que l'eau qu'on a fait bouillir à part. Faire bouillir sans couvrir 15 min. Agiter un peu la casserole pour que le poisson ne prenne pas au fond. Puis ajouter les poissons plus tendres (merlan, saint-pierre).
- Continuer la cuisson 10 min. Ne pas remuer le poisson.
- Au bout de 25 min, retirer la casserole du feu. Verser, sur le pain qu'on a mis dans un plat, les trois quarts du bouillon. Couvrir le plat. Mettre le poisson sur un second plat très chaud et l'arroser avec le reste de bouillon. Saupoudrer de persil.
- Servir les deux plats en même temps, très chauds, le premier étant l'accompagnement du second.

COTRIADE
de Brigneau

POUR 4 PERSONNES

Sardine, aiguillette, tacaud, congre, vieille, lieu, eau, maquereau, panne de lard salé ou beurre, merlan, oignons, pommes de terre, sel et gros sel, 1 cuillerée à soupe de poivre

....

- Dans une marmite de grande dimension, faire revenir la panne de lard salé ou le beurre. Y jeter les oignons de manière à les faire dorer (surtout éviter de les brûler, car la cotriade prendrait un goût désagréable).
- Mettre alors dans la marmite les pommes de terre épluchées et lavées ainsi que le congre coupé en morceaux (le congre est le poisson qui demande le plus long temps de cuisson).
- Recouvrir totalement d'eau en ajustant la quantité selon le volume de bouillon à obtenir. Saler, poivrer très abondamment. N'ajouter aucun autre condiment, aucune herbe aromatique.
- Laisser bouillir à bon feu pendant un bon quart d'heure, ou jusqu'à mi-cuisson des pommes de terre.
- Ajouter les autres poissons durs (aiguillette, maquereau, vieille) puis, après un moment, les poissons blancs les plus tendres (tacaud et merlan que l'on coupera par moitié), ainsi que les sardines.
- Arrêter les feux lorsque la dernière trace de sang aura disparu à l'arête des poissons. Retirer le bouillon, le conserver au chaud.

Jardinage
Basse-Cour
Sports
Bricolage

RUSTICA

Chasse et Pêche
Elevage
T.S.F.
Romans

HEBDOMADAIRE ILLUSTRÉ

REVUE UNIVERSELLE DE LA CAMPAGNE

N° 16
20 Avril
1930
Troisième année
32 PAGES

Jadis : Le BIDET BRETON ou CHEVAL du LÉON était parfait pour le trait, la voiture et la selle

Aujourd'hui : Étalon trait postier breton de deux ans *(en médaillon)*.

50 CENTIMES

RÉDACTION ET ADMINISTRATION : 1, RUE GAZAN, PARIS (XIVe)

POTAGE
aux crevettes

POUR 4 PERSONNES

1 l d'eau, 500 g de petites crevettes grises ou roses, 1 oignon, 3 ou 4 échalotes, 2 gousses d'ail, 4 ou 5 tomates, persil, sel, poivre, poivre de cayenne, beurre, crème fraîche ou maïzena (facultatif)

....

• Avec une noix de beurre, faire fondre doucement l'oignon, les échalotes, l'ail et le persil finement hachés ainsi que les tomates pelées et coupées en quartiers. Laisser cuire 30 min à feu doux, en évitant de laisser roussir.

• Ajouter l'eau, saler et poivrer à sa convenance, mais la préparation supporte un assaisonnement assez relevé avec une pointe de cayenne.

• Pendant ce temps, passer les crevettes entières au moulin à légumes à gros trous. Pour faire passer cette purée, se servir de 30 ou 40 cl du bouillon.

• Ajouter la purée de crevettes à l'ensemble eau, légumes. Mixer le tout. Laisser cuire encore 10 min.

• Passer le potage au tamis pour éliminer les petits morceaux de carapaces.

• On peut incorporer une bonne cuillerée de crème fraîche, ou épaissir avec une cuillerée de Maïzena, diluée dans un peu d'eau froide.

• Servir sur des petits croûtons grillés.

COQUILLE SAINT-JACQUES
aux moules et aux crevettes

POUR 4 PERSONNES

12 coquilles Saint-Jacques, 1 kg de moules, 125 g de crevettes, 125 g de champignons, 1 verre de vin blanc (muscadet ou gros-plant), 1 cuillerée de farine, un peu de chapelure, si on aime le goût, 1 oignon, 1 échalote, 2 gousses d'ail

....

- Ouvrir les coquilles. Ne garder que la chair et le corail ; laver plusieurs fois à grande eau pour éliminer tout le sable. Réserver les coquilles vides.
- Nettoyer les moules, les faire ouvrir à feu vif ; les retirer de leurs coquilles et passer l'eau de cuisson dans un linge fin.
- Dans une casserole, mettre une noix de beurre et une cuillerée de farine, mouiller avec le vin blanc.
- Ajouter à cette sauce les champignons finement émincés, la chair et le corail des coquilles Saint-Jacques, les moules et les crevettes décortiquées (l'oignon, l'ail et l'échalote sont facultatifs). Saler, poivrer ; laisser cuire pendant 15 min environ.
- Remplir quatre belles coquilles, saupoudrer de chapelure et passer au four quelques minutes. Servir très chaud.

Les Vacances en Bretagne
SAINT-CAST
Plage des enfants & des sports
(GOLF·TENNIS·CHASSE·PÊCHE)

CHEMINS de FER de L'OUEST
Voyages à Prix Réduits
BAINS DE MER
ets valables 3,4,10 ou 33 jours
ces derniers prolongeables
DUCTION jusqu'à 40%

PALOURDES
farcies

Pour 4 personnes

48 palourdes, échalotes, persil, cerfeuil, ciboulette, 1 verre de muscadet, beurre salé, gruyère râpé ou chapelure

....

- Préparer un hachis d'échalotes, de persil, de cerfeuil et de ciboulette. Mélanger ce hachis avec du beurre salé très frais.
- Faire ouvrir les palourdes à feu vif dans une casserole ou une poêle avec un peu de muscadet. Les retirer du feu.
- Enlever l'une des coques et garnir l'autre, celle qui contient la chair, d'une noix de farce. Saupoudrer d'une pincée de gruyère ou de chapelure. Passer au four très chaud à 280 °C (th. 10) pendant 4 à 5 min.
- Servir immédiatement.

LANGOUSTES
farcies

1 langouste, 10 cl de cognac (ou de lambig), beurre
Le court-bouillon : **1 l d'eau, muscadet, 1/4 de citron, sel, poivre, thym, laurier**
La farce : **sauce béchamel, champignons, olives vertes, fines herbes, chapelure**

....

- Faire cuire la langouste au court-bouillon. La laisser refroidir, la couper en long en deux moitiés égales.
- Enlever la chair de la queue et tout l'intérieur de la carapace sans détacher la queue vide de la tête vide.
- Couper la chair en rondelles.
- Hacher l'intérieur avec les champignons, les olives vertes, les fines herbes, la chapelure, la sauce Béchamel.
- Garnir l'intérieur de la queue et de la carapace avec cette farce ; mettre à gratiner au four quelques minutes.
- Retirer, poser les rondelles de chair sur la farce. Arroser avec le cognac (ou le lambig) et couvrir d'une béchamel relevée avec quelques petits morceaux de beurre frais.
- Chauffer un instant et servir.

JEAN
PARIS

JEAN
PARIS-

HUÎTRES
farcies

Pour 6 personnes
36 huîtres, mie de pain, ail, persil, poivre, beurre

....

- Ouvrir les huîtres, récupérer l'eau pour faire une farce composée de mie de pain, ail, persil.
- Remettre l'huître dans la valve creuse avec la farce.
- Poivrer, mettre une petite noix de beurre sur chaque coquille.
- Passer au four chaud à 220 °C (th. 7) pendant quelques minutes.

MOULES
grillées

Pour 4 personnes
48 moules, 1 verre de muscadet
***Le beurre d'escargot :* persil, beurre, 1 échalote, 1 gousse d'ail**

- Faire ouvrir les moules avec le muscadet, conserver la cuisson, la passer et mettre dans un plat en terre.
- Préparer un beurre d'escargot avec ail, persil, échalote. Enlever l'une des valves de chaque moule.

- Mettre sur celle qui conserve la chair une noix de beurre d'escargot, disposer dans le plat et passer au four très chaud à 280 °C (th. 10) quelques instants.
- Servir brûlant.

LA BAULE
LA PLAGE DU SOLEIL
1928

3529. CARANTEC
Marie-Jeanne, la Pêcheuse de Crevettes et son bonhomme

TARTINES À LA GRAISSE SALÉE

et aux crevettes grises

Pour 4 personnes

500 g de crevettes grises, 1/2 jus de citron, 1 cuillerée à soupe d'huile, 100 g de graisse salée, 2 pincées de sel, poivre du moulin, pain de seigle noir, ciboulette

....

• Éliminer les têtes des crevettes. Préchauffer le four en position gril. Tartiner largement les fines tranches de pain de graisse salée, enfourner 3 min (pour bien toaster le pain).

• Pendant ce temps, disposer une poêle sur feu vif avec l'huile ; lorsque celle-ci est bien chaude, y jeter les crevettes. Les faire revenir rapidement (environ 2 min), ajouter le jus de citron et saler à son goût.

• Ranger une bonne cuillerée et demie de crevettes sur chaque tranche de pain.

• Saupoudrer de ciboulette ciselée finement et assaisonner de poivre fraîchement moulu.

BAR
au sel marin

Pour 4 personnes
1 bar de 900 g à 1 kg, 2,5 kg à 3 kg de gros sel marin
***La farce :* beurre, persil, estragon, ail, cerfeuil, poivre**

....

- Nettoyer et préparer le poisson (l'écailler, le vider et le laver).
- Le laisser s'égoutter et au besoin l'essuyer.
- Préparer la farce avec le beurre, le persil, l'estragon, l'ail, le cerfeuil, le poivre, selon le goût. En farcir le bar.
- Dans une terrine ou un plat allant au four, mettre environ 3 cm de sel. Poser le poisson, tasser le sel tout autour et le recouvrir de 3 cm de sel. Le poisson doit être entièrement enfoui dans le sel.
- Mettre au four très chaud à 280 °C (th. 10) pendant 30 à 35 min.
- Pour servir, renverser la terrine sur un plat, casser le sel : le poisson apparaîtra cuit à point, savoureux et surtout aucunement trop salé.

Chémins de fer de l'Ouest
VOYAGES A PRIX REDUITS
La Compagnie des Chemins de fer de l'Ouest met à la disposition du Public pendant la SAISON D'ETE les Billets et Cartes à prix reduits dont la nomenclature suit :
1° BILLETS DITS DE BAINS DE MER
2° BILLETS DITS DE VOYAGES CIRCULAIRES
BILLETS D'EXCURSION AU MONT SAINT-MICHEL
4° BILLETS D'EXCURSION AU HAVRE
5° BILLETS D'EXCURSION A L'ILE DE JERSEY
CARTES D'EXCURSION sur la Cote Nord de Bretagne
Grün
-01
Consulter le GUIDE OFFICIEL ILLUSTRÉ des chemins de fer de l'Ouest mis en vente au prix de 0f50
dans toutes les Bibliothèques des gares du reseau

emandez la
FINE BRETAGNE
héophile GUILLON

LOTTE
à l'armoricaine

POUR 6 PERSONNES
6 morceaux de lotte, 50 g de beurre (ou 3 cuillerées d'huile d'olive), 1 gousse d'ail, quelques échalotes, thym, laurier, persil, 1 verre d'eau-de-vie de cidre (ou d'un autre alcool à son goût), quelques cuillerées à soupe de farine, 4 ou 5 tomates fraîches, sel, poivre de cayenne, 1 kg de moules que l'on fera ouvrir pour en recueillir l'eau (à filtrer)

....

- Hacher finement l'ail et les échalotes et faire revenir à la poêle dans du beurre ou de l'huile.
- Ajouter les tomates préalablement coupées en quartiers et épépinées, l'eau des moules, la moitié du verre d'alcool, le thym, le laurier. Saler et poivrer de cayenne.
- Laisser réduire doucement.
- Pendant ce temps, faire revenir dans une cocotte les morceaux de lotte préalablement farinés, avec un peu de beurre.
- Après réduction, ajouter le reste d'alcool, faire flamber et verser sur le poisson.
- Jeter le persil haché et laisser mijoter pendant 30 min dans la cocotte couverte.

COCHON
aux pommes

Pour 6 personnes
1 kg de filet de porc, 50 g de beurre, 1 kg de pommes, sel, poivre, bouquet garni

....

- Dans une très bonne marmite de fonte, faire revenir la viande au beurre.
- Éplucher les pommes et les couper en quartiers. Les jeter à la marmite. Saler, poivrer.
- Laisser cuire, sous couvercle, pendant au moins 1 h 30.

CÔTE SUD DE BRETAGNE

CÔTES DE LARD
des pays de Vilaine

Pour 6 personnes
6 côtes de lard de 200 g de chacune, 600 g de saindoux, 125 g de crème fraîche, 1,5 kg de pommes à couteau, 1 verre de cidre, Sel, poivre, Vinaigre aromatisé (ou jus de citron)

....

- Faire fondre le saindoux dans une marmite de fonte (réduire la proportion de saindoux si les côtes, qui sont fournies avec une certaine couche de lard, sont assez grasses).
- Placer les côtes et laisser cuire normalement.
- Après cuisson, retirer les côtes et enlever les trois quarts de la graisse.
- Déglacer avec un filet de vinaigre aromatisé (à l'estragon, par exemple) et la crème fraîche.
- Cuire à part les pommes, comme pour une marmelade au cidre.
- Disposer cette purée de pommes sur un plat de terre, y placer les côtes et arroser le tout de sauce.

RAGOÛT
brestois

Pour 4 personnes

4 portions de plat de côtes de boeuf, 4 portions de plat de veau, 4 portions de petit salé entrelardé, 4 petites saucisses, 100 g de beurre, 5 petits oignons, 2 ou 3 échalotes, quelques blancs de poireau émincés, 3 ou 4 carottes, sel, poivre

....

• Dans une cocotte en fonte, faire fondre le beurre et y faire dorer la viande pendant quelques minutes. Y ajouter les oignons, les échalotes et les blancs de poireau qu'on aura fait rissoler à part.

• Pendant ce temps, avec les carottes coupées en rondelles, préparer dans une casserole un bouillon et l'ajouter, carottes comprises, dans la marmite. Laisser cuire.

• Ajouter, selon le goût, des petites pommes de terre cuites à part. En ce cas, laisser encore 10 min à feu doux.

Servir très chaud dans un grand plat.

JEAN
PARIS

COQ AU CIDRE *de Fouesnant*

Pour 6 personnes

1 coq de 2 kg, 1 verre de lambig, 1 gousse d'ail, 100 g de beurre, 200 g de lardons

La marinade : **1 bouteille de cidre, 1 bouquet garni, 2 carottes, 2 oignons**

....

LA VEILLE

• Découper le coq à cru.

• Préparer une marinade avec le cidre, les carottes coupées en fins morceaux, les oignons et le bouquet garni. Y ajouter les morceaux de coq. Laisser mariner 24 h.

LE JOUR MÊME

• Égoutter la viande et la faire revenir au beurre.

• La mettre dans une cocotte, et ajouter les lardons et l'ail. Recouvrir de la marinade.

• Laisser mijoter 2 h à feu doux. En fin de cuisson, ajouter le lambig.

• Dresser dans un plat creux et décorer avec du persil haché.

GROS CAMUS
farcis

Pour 4 personnes
4 fonds d'artichaut gros camus, champignons, lard fumé, jambon maigre, persil, fines herbes, 1 cuillerée à soupe de farine, 15 cl de muscadet, 1 pincée de gros sel gris

....

- Enlever les feuilles et n'utiliser que les fonds.
- Les faire cuire avec la farine, un peu de muscadet mouillé d'eau et le gros sel gris, pendant 15 min environ.
- Verser dans la cuisson un peu de bouillon et un verre de muscadet.

- Ajouter sur chaque fond un peu de farce : hachis de champignons, lard fumé, jambon maigre, persil et quelques fines herbes.
- Faire gratiner au four pendant 1 h à 150 °C (th. 5).

CHEMINS DE FER DE L'ÉTAT

LA BRETAGNE
PITTORESQUE

Gerol

FAR BRETON

Pour 6 personnes
250 g de farine, 200 g de sucre, 4 œufs, 1 cuillerée à soupe de rhum, 50 g de raisins de Malaga, 75 cl de lait, 12 pruneaux

....

LA VEILLE

- Faire tremper les raisins et les pruneaux.

LE JOUR MÊME

- Dans un grand bol, mettre la farine, le sucre ; ajouter les œufs un à un, le lait chaud, le rhum puis les raisins et les pruneaux.
- Graisser un plat allant au four, y mettre le mélange et faire cuire 45 min à four moyen à 160 °C (th. 4), et 15 min à four doux à 130 °C (th. 3).

KOUIGN-AMANN
de Douarnenez

Pour 8 personnes
1,2 kg de pâte à pain, 10 g de levure, 500 g de beurre, sucre en poudre, sel, eau tiède

....

- Préparer une pâte à pain très molle avec le sel et la levure. La pâte doit rester molle et lever pendant 20 min sur une planche à pâtisserie. L'étaler alors à la dimension d'une grande crêpe bretonne.
- Y étendre le beurre à même consistance que la pâte et n'allant pas jusqu'aux bords.
- Recouvrir cette couche de beurre de sucre en poudre en quantité suffisante pour masquer le beurre. Plier la crêpe en quatre, de façon à lui donner la forme d'un triangle dont un côté est arrondi.
- Au bout de quelques minutes, aplatir le tout. Ne remettre ni beurre ni sucre et replier à nouveau en quatre.
- Raplatir à la main de façon à reconstituer une circonférence.
- Faire des dessins à la pointe du couteau, dorer au lait, laisser cuire au four très chaud à 280 °C (th. 10) pendant 30 min.
- Dans le cas où une partie viendrait à fondre, reprendre le beurre avec une petite cuillère et en arroser le gâteau jusqu'à cuisson parfaite.
- Laisser tiédir ou refroidir sur la plaque.

Tous !!
PETIT-BRETON
JANTES BOIS KUNTZ
Sur
vélo PETIT-BRETO

AH ! MON BEAU CHATEAU

Ah ! mon beau château, Ma tante tire lire lire,
Ah ! mon beau château, Ma tante tire lire lo.

GÂTEAU BRETON

POUR 6 PERSONNES
250 g de farine, 250 g de beurre, 250 g de sucre, 6 jaunes d'œufs, fleur d'oranger

....

- Mélanger la farine et le sucre. Intégrer le beurre par petits morceaux en l'incorporant dans la farine avec le bout des doigts.
- Creuser une fontaine au centre de la masse pâteuse et y mettre les jaunes d'œufs. Pétrir alors la pâte à la main et en faire une boule. Aplatir et amener aux dimensions d'un moule de 24 cm.
- Placer la galette dans le moule ; rectifier au besoin la surface.
- Dorer au jaune d'œuf et dessiner, à la fourchette, de grandes raies.
- Mettre au four et laisser cuire 50 min d'abord à four moyen à 180 °C (th. 6), puis en diminuant le feu vers la fin de la cuisson.
- Laisser refroidir avant de démouler.

CRÊPES
de Gabrielle

Pour une douzaine de crêpes
150 g de farine, 50 g de sucre, 2 œufs, 25 cl de lait frais entier

....

- Mélanger les ingrédients dans leur ordre d'énumération.
- Graisser une poêle avec un Sopalin humidifié à l'huile d'arachide.
- Ajouter du beurre pour la cuisson selon le goût.

LA BRETAGNE
galette retournée

CHEMINS DE FER DE L'ÉTA
Visitez
LA BRETAGNE

GALETTES *nantaises*

Pour 4 personnes

125 g de farine, 50 g de beurre, 75 g de sucre, 3 g de sel, poudre d'amandes, 1 jaune d'œuf, 2 œufs

....

- Dans un grand saladier ou une terrine, commencer par mettre le beurre. L'amollir en le travaillant à la spatule de bois.
- Ajouter sel et sucre et incorporer doucement les œufs.
- Une fois obtenue une pâte bien homogène, verser d'un seul coup toute la farine. Rassembler doucement sans chercher à amalgamer parfaitement, de manière à ne pas rendre la pâte cassante.
- Saupoudrer la table de farine, y placer la pâte, la plier sur elle-même deux ou trois fois. La mettre ensuite au frais dans un linge propre pendant 1 h.
- Abaisser ensuite la pâte à 3 mm et découper à l'emporte-pièce des rondelles.
- Dorer à l'œuf battu avec un pinceau.
- À l'aide d'une fourchette, tracer des rayures en biais et saupoudrer chaque petit gâteau d'une pincée de poudre d'amandes.
- Cuire à four doux à 140 °C (th. 4) pendant 20 min environ. À four chaud à 240 °C (th. 8), 7 à 8 min suffiront.

TABLE DES RECETTES

Editions OUEST-FRANCE
Lille - Rennes

Editeur Jérôme Le Bihan - Coordination éditoriale Marine Le Ruyet
Collaboration éditoriale Cécile Fourré, Chloé Le Sech
Création graphique et mise en page Studio graphique des Editions Ouest-France
Photogravure Graph&ti, Cesson-Sévigné (35) Impression Pollina, Luçon (85)-L72060a

I.S.B.N. 978-2-7373-6747-2 • N° d'éditeur : 7851.01.03.05.15
Dépôt légal : mai 2015 • Imprimé en France • www.editionsouestfrance.fr